나는 네가 그리울 때만 환했다

박찬호 시집

문학의전당 시인선
0312

나는 네가 그리울 때만 환했다

박찬호 시집

문학의전당

시인의 말

　내가 걸어온 길을 돌아보는 흐린 저녁은 늘 적막하다.

　언제나 내 어눌한 삶의 왼쪽에 서 있는 아내와 아이의 사랑이 남은 생의 적막을 따스하게 위안해줄 거라고 믿는다.

　가족과, 시집에 자기 이름을 꼭 써달라고 조르던 나루네 논술교실 아이들과 함께 이 시집을 읽고 싶다.
　용미리에서 이 시집을 기다리고 계실 당신들과도……

　아이들은 즐거워할까?
　재미있어 했으면 좋겠다.

　2019년 여름
　박찬호

차례 시인의 말

제1부

나무의 자세 13
손톱의 꿈 14
새벽을 기다리는 방법 16
봄, 2013 18
별을 보다 19
구두에 관한 회고 20
빨래 1 22
빨래 2 24
빨래 3 26
길 28
불빛의 흔적 30
모과 31
변명 32
play misty for me 34
청량리역 2번 출구 36
목련 이후(以後) 38

제2부

포도나무　41
비 개인 날의 제스처　42
수련　44
장마　45
맥주는 맥주다　46
초록의 좌표　48
봄비　50
웃음이 커지던 오후　51
그늘이 붉다　52
봄길　54
저녁 무렵 집으로 돌아오다　56
엽서를 읽다　57
구름　58
먼 곳으로 돌아가다　60
봄을 터뜨리고　61
틈　62

제3부

생일　65
당신의 성묘　66
목련이 필 때면　67
빛들이 떠다니던 시절　68
옛집　70
못 박는 저녁　71
외출　72
삼월, 눈　74
공터에서　76
폭설　77
빈집　78
청량리　80
대화　81
이사　82
시간을 묵혀놓는 계절　84
최초의 초록　86

제4부

슬픔의 높이　89
누구도 돌아오지 않는다　90
다행(多幸)　92
엽서　94
남향(南向)으로 둔 화분　95
동백　96
붉은 生에 대한 회고　98
휴가　99
당신의 빈방　100
감기　102
병력기(病曆記)　104
다리　106
동물원　108
새들처럼　110
바흐의 단일 주제에 의한 변주곡 in D minor　111
門　114

해설 │ 부재중인 휴머니즘의 풍경들　115
　　　│ 진순애(문학평론가)

제1부

나무의 자세

나무들도 깊이에 대해 생각하는 중이다

너무 이르거나 늦게 하루를 엿본 새들이
전선을 스쳐갈 때마다 툭, 툭 색깔을 떨어트렸다

무심코 계절을 읽던 오전의 바람도
나뭇잎의 무게를 감당하지 못해
삐딱하게 내리꽂힌다

이른 아침이면 언제나 제 몸을 밝히던 것은
아팠거나 불편했던 기억들,

멀리 선 감나무 몇 그루
적막한 풍경을 접으며
뿌리의 본질에 대해 생각해보는 것이다

손톱의 꿈

언제부턴가
왼손의 손톱이 빨리 자랐다
오른손이 혹사하는 것이 못미더워
잡초 같은 손톱으로 시간의 더께를 증명하는 것이다
손톱은 각질의 투명함 안에
새로운 화해를 재배하여
어눌한 그리움도 몰래 감추며 자라났다
자주 반송되던 그리움으로 내려앉던 가슴에
외로움의 원형고리를 끼울 때에도
왼손의 신경은 망각의 안일함을 핑계로
들통 난 음모처럼 손톱의 각질만 키우고 있었다

왼손이 참아온 것은
손을 펴야 비로소 보이는 일상의 때,
시간들이 편안히 토해놓은 신음 하나와
때때로 텅 빈 무게로 추락하는 절반의 이름
궁금한 일상의 유혹들이
손금에 낀 때처럼 부서질 때,

차명(借名)의 시절을 깎아낸다
쌓이는 슬픔의 잔해 위에
서둘러 배양한 화해도 토막토막 말을 끊고
다시 손톱이 키우는 하루치 꿈에
가장 깊은 것만이 어둠 속에서 가장 빛난다는
희망의 생소함,
한사코 믿기로 한다

새벽을 기다리는 방법
―꽃이 만발한 화분은 마지막에 팔리고

알 만한 시간들이 엎질러진 창틀 옆
낡은 음악가의 액자를
테이프로 붙인다

시계의 초침이 곤두박질친다
어둠의 표정이 희미해졌다

견고한 슬픔들은 모두
정든 구멍 안에서
일용할 하루를 위해 내용을 줄였다

마지막 불빛이 건너와
해진 몸을 접는 생의 가장자리,
아직 길 위에 남은 사내의 발등에 흐트러지던 기침 소리가
해 뜨기 전에 궁핍한
희망을 길어온다

누가 실바람으로

몸 벗은 나무를 떠나며
안녕하신가, 남기던 인사

밤새 길 밖에 서성이던
꽃들의 의혹이
수상했다

봄, 2013

봄, 이라고 쓰니 쓸 만한 빛 한 줄기가
가볍게 나를 구부린다

오늘 아침 제 스스로
목을 꺾은 군자란의 체구도
둥글게 말려 있다

그런 것이다, 생은
무엇이든 견고하지 않으면

봄볕의 조회에도
간단히 들통 나는

별을 보다

다만 잔별에 취해 비틀거렸다

그대를 위해 몸 만들던
내 육질의 문장이
턱없이 요절하던 창틀 위,
한때 내게서 빛나던 희망의 언어들은
이제 생의 가장자리에서 짙푸르고
겨울에 사면되던 꽃들의 이름만
따스한 저음의 행렬로 돌아왔다

별빛, 누군가 멀리서
조용히 되돌아가는 표정만
환한 하늘

구두에 관한 회고

오래 벗어두었던 구두를 신는다
어두운 골목을 서성일 때마다
가등의 불빛에 숙성되던 그리움의 뒤태인 듯
잠시 희망으로 빛났던 광택은 가라앉고
가벼운 체구의 주름으로 남은 구두,
이제는 없어진 뒤꿈치 굳은살처럼
차가운 표정으로 발을 감싼다

구두를 신고 다닐 때는 몰랐다
희망이 사라진 자리에 남는 것은
흘린 시절의 기억이 아니라
구두에 적응하던 고통의 각질뿐,
그 자욱 위로
마음이 걸었으나
자주 길 잃었던 희망들
시큼한 먼지로 덮여 세월을 증명한다는 것을,

머리를 산발한 채 거리를 지나는

세월 앞에서 구두
홀로 익힌 침묵으로 빛을 죽인 채,
지나온 통증에
함부로 발기하지 않는다

살아온 내 삶의 경계인 듯 한쪽으로 기울어야
간직한 균형을 버리고 사물로 귀화하는
한 켤레 구두

빨래
―황태 덕장

며칠에 한번 소금의 철자들이 부려지는 들판
빛나는 것은 바다가 잉태했던 맨살뿐
저마다 단련해온 상반신을
물 비린 내력도 비운 채, 다만 한결같이 널린다
한때 바다에서 번창하던 푸른 꿈들이
먼 풍경으로 흔들리다 다시 풍문(風聞)이 되는 계절,
바라보는 눈길이 희미해졌지만
맨살에 익힌 파동만으로 지나온 시절을
요약할 수는 없었다

아직 떠나지 못한 구름이 시간을 좇아 흐르던 들판,
널리는 것은 육체가 아니고
꿈이 아니고 허름한 과거의 시간뿐
추억의 각질을 벗고 마른 살로 널려야
사물이 되던 물결무늬들,

한때 삶이란,
가벼워야 희망으로 요약됐으나

죽음마저 꿈으로 소진해버린 삶들이야
잠시 바라보는 눈빛으로도 털려
털릴수록 무거워진다
묵은 세월이 내 안에 널어놓은 생각들
벗은 살 위에 올려놓는다
묵직한 어휘들이 떨어진다

햇빛은
먼 수심(水深)의 추억들을 쪼개서
들숨 한 번에 적당한 크기로 들판에 늘어놓고
빈 들은 털리고 털려 사물에 도달한
젖은 이름으로 가득해진다

빨래 2

동생이 빨고 간
빨래, 어둠 속에서도 환하다

내일이면 떠나
오래 못 볼 웃음,
가만히 빨래를 한다
자기 옷과 내가 벗어놓은 셔츠, 양말까지
깨끗이 빨아 널며 말이 없다
묵은 얼룩이 털린 빨래들
먼 불빛을 저녁으로 서성이게 했다
슬픔은 사소한 침묵에도 촘촘해지고
보내야 하는 것은 언제나
말끔히 자신을 털릴 때
투명해진다

동생이 떠나고
푸른 하늘이 걸어놓은 아침
빨래 위에 희게 널린다

그렁하던 뒷모습이
하지 못한 말들이
서먹한 비누 냄새 대신 속살거린다

무엇 때문에 남에게 털린
늙은 얼룩은 푸르게만 사무치는가
마침내 투명한 햇살의 형식(形式)
아침으로 치유되는 것인가

빨래 3

투명한 시늉만이
세상에 널린다
온 살을 밀어낸 나무들
눈 덮인 아침을 일렬로 걸어갈 때
가지 끝에 바람을 진열하던 은밀한 약속도
서툴게 제 유래를 감추고
아직 결론에 이르지 못한
노인들의 우화(寓話)도 하얗게 알몸으로 털린다

살아온 만큼 가벼워졌으나
한사코 제 몸의 무게를 읽지 못해 흔들리는
삶들도,
눈 다시 내리고
끝끝내 초록을 지고 섰던 몇 그루 나무처럼
색채를 줄이면
희미해진다
생소한 자세들로 자욱해진다

가까운 공터에선 아이들의 함성들이
표백된 시간에 지워지고 있다
마를수록 선명해지는

길

외등이 걸린다
저녁의 경계를 넘어서자
오래 기다린 시간들이 흔들린다
길 하나가 흔들리자
불빛들 자욱하게 풀어진다
초록으로 불려야 늘씬한 계절의 배후였던
풀들은 말라 있다
서러웠든지 외로웠든지
강마른 내 하늘에도 그리움은 거덜 나
바람도 목울대를 죽이고
가볍게 돌아선다

가벼움은 삶의 무딘 통증이야,
어둠에 몸을 적신 사람들은 말이 헤프다
술잔을 털어 적신 입술에서
내 이름이 마른다, 길 위에서
누가 꽃을 부르듯 나를 불러온 적 있던가
쓸쓸했으나 아득한 흉터에

사무쳐 살 바르는 네가 남았다

계절 한 잎 부리에 물고
떼 지어 새들은 떠나간다
깊을수록 속을 감추는 굽은 길 위,
멀리서 돌아온 흐린 풍경이
밥상처럼 차려졌다

불빛의 흔적

반듯하지 않은 것들은 불빛으로 길을 낸다

어둠을 간추린 가로등만
자기 몸을 지켜
새벽을 속단한 희망으로
한두 개의 그늘을 길에 걸 때,
막차의 불빛으로 실려 온 사람들
분산된 어둠을 모아 피곤을 가린다

이미 한 사람의 위안으로
버려진 꽃잎,
정면을 갖춘 채 다시 꿈을 꾸었다

생소한 흉터를 지운 그늘의 입구,
단 한 번 꽃으로 피었던 흔적만
파릇했다

모과

묵은 상처는 통증의 밀도로 견고해진다

정면을 감춘 생애는 모서리가 없고
적막할 때면
촘촘히 접힌 내력이 흔들렸다

혼자 밥 먹는 저녁에도 이렇게 기억은 저물고
오래 머물렀던 시절이
제 몸을 풀어
정적으로 남는 얼룩 부근,
묵은 향기가 낭자하다

소리 없이 제 몸을 비워야
완성되던 뒷모습도
한 줄 헐벗은 문장으로 아름다운가

변명

비 오는 봄이지

그 봄에

누가 나를 소문낸다

꽃이 제 살 열기 기다릴까

빗방울 달린 머리카락

함부로 털며 시절을 지나친 낡은 생애

어린 꽃 몸에 그늘을 편다

그리움 하나를 보내니

하얗게 제 몸을 감추던 꽃잎들

나는 그늘에 숨어

계절을 변명하고

꽃들의 배후로는

가는 봄비가 어울렸다

play misty for me*

희미하게, 다만 희미하게
다가서는 체위들의 부산함,
이 포즈는 낯이 익다
태릉의 밤을 넘어 블루스를 추던
그대의 입김 같은, 긴밀함
그리고 흔적 없던

흐르지 않고 분산하는 어둠의 처연함,
나, 이제 네 스텝을 기록한다
안개 짙을수록 갈 길 지워져
밤으로 회귀하지 못한 사람들은
막차가 뿌리고 간 기류에 실려
착색되지 못한 불빛으로 떠다녔다

종점에 닿은 길들이 풀어낸 거친 숨결들
그대 아니라 손짓해도
나는 안 보이는 안개의 갓길을 걸어간다
새들의 날갯짓 소리 멀어지고

아직도 절망을 교미하는
꽃들의 불륜이
당당한 아침
안개의 옷깃이 풀리는 갓길에서
떠나는 계절의 모습은
떨어진 나뭇잎처럼 적막해 보였다

---

*play misty for me: 영화 〈어둠 속에 벨이 울릴 때〉 주제가.

청량리역 2번 출구

지하철을 내려
집으로 가는 계단을 오른다
통로에 앉아 시간의 좌판을 편 노인은
방석에 감았던 적막을 풀어
길 하나를 내준다

저 길도 노인이 꿈꾸던 희망처럼
치밀한 출처를 가졌는가

뒤따르던 흐린 시선이
우리가 덜어낸 그늘을 밟고
먼저 계단을 오르면
내 지팡이와 노인의 좌판은
표정이 다른 동의어다

노인과 나는 눈빛을
계단에 걸며
조금씩 경사진 정면을 줄였다

알지 못하는 비유를 지운다면
노인이 풀어낸 세월은
바지 끝단에 얼룩져
지워지지 않던 빛살의 정처일지도,

목련 이후(以後)

턱없이

처녀들의 문장이 떨어진다

고개를 모로 꺾고 낯모를 설움

함부로 익혀 제 살 붉게 한다

떨어지기 위해

가지 끝에서 젖는 살

서명 없이 산화된 봄의 내력도

사소한 소문으로 빛살에 철거된다

제2부

포도나무

대학로에서 포도나무를 보았다
십 년 만에 돌아온 여자는
말을 줄인 대신 눈자위가 붉다
시늉, 산다는 소리에 과장되던 체위들
고개를 모로 꺾고 풍경에 멎은 여자의 고요 너머
지나온 시절 문득 사라지고
눈에 가득 차던 주점 벽에
표구처럼 걸린 포도나무
비틀리고 비틀린 체구로야 이름으로 남는 저 나무
세월은 무슨 간절함으로
비틀린 체구마저 한사코 가두는 것일까
어쩌면 한 시절 애끓던 침묵의 깊이를
소리 죽인 울음으로 들어주는 것이다
벽 속에 갇힌 나무 앞에
저녁빛 내린다
생각보다 먼저
발목까지만 젖는 몸

비 개인 날의 제스처

가장 깊이 몸 부순 빗물만이
지상에 길을 그렸다
어디로 가는가, 물음 없는
길을 접어
청량사* 들어서면
오래전 내력을 깎은 여자의 독경 소리
그늘을 내민다

바람에 물기를 털린
추녀 밑 풍경 소리
긴 여운으로 정지할 때
젖은 새 한 마리
명료한 시늉으로 숲을 떠나고
갑자기 묵은 살내를 떨구던 단풍나무

돌아보면
제 살을 줄이지 않고 아득했던
어느 생이 있었던가

저 문 밖에
균등한 어둠으로 행진하던
불빛의 푸른 남루여,
나는 미안했다, 목청껏 부르지 않아

때때로 조용히 돌아보던
궁색한 응시
희망의 제스처가 싫었던 게다

---

* 청량사: 동대문구 청량리에 소재한 비구니 절.

수련

빛이 빠진 물은 선(線)이다

배경을 죽인 꽃들의 방은 투명하다

푸른 가지를 색(色)으로 던진 버드나무들

한사코 하늘로 오르던

연못가엔

바람의 지문이 번진 수면에 자맥질하던

수련 한 송이,

안 보이던 그녀의 눈물 같은

창백한 일치

장마

먼 내륙에서 보낸 엽서가 도착하면
창가에 머물던 기류들이 웅성거렸다
오래 부유하던 구름이 먼 노을빛에 투명해질 때
전력으로 지상에 낙하하는 빗줄기들
저녁의 적막을 깨트렸다
갓길의 풀잎들 한 동작으로 몸을 눕혔다
삶의 경사를 익힌 상처들은
젖을 때마다 완강해진다고,
초록으로 수런댔다

은밀한 내력끼리 잔을 털어
상한 꿈을 달래던 길손들
도시가 닫힌 새벽에도
젖은 풀잎에
눈길을 얹지 않았다
얼큰해진 추억담에 부풀어
건들건들 흔들려 돌아간다

맥주는 맥주다

A와 K와 또 다른 K, 내가 모여
거품 없는 맥주를 마시면
자주 도망을 치고 싶어진다
분뇨로 배출되지 못한
허름한 내 삶의 거품들이 곧추선 발로 일어나
우리들이 소진하는 하오(下午)의 시간
내가 선 자리를 비우고
받아쓰기하듯 천천히 갈증을 낭송한다
거품으로 알려진 것들의 잠적, 또는 사라짐
거품이 거품으로 불릴 때의 익숙한 약속
거품이 거품으로 불리지 않는 낯선 소리
속에서 삶이라는 권태를 모르고 사라지는
거품의 몸짓, 견뎌본 적 있던가
그렇듯 짧은 몸짓 앞에 소통되지 않는
내 앎의 철자들 적셔본 적 있던가

못 찾겠다 꾀꼴꾀꼴 꾀꼬리,
노래 불러다오 초췌한 공복의 액체들아

내가 비워진 자리에
그대 낡은 이름을 새겨
부재중인 나를 불러다오

기성화 된 철자의 거품들로
가득 찬 내 삶의 적막을 개명해 다오

그래도 맥주는 맥주다.

초록의 좌표

허름한 햇살이 길 밖으로 저문다

남은 길은 일찍 제 몸을 줄이고

도시의 바깥, 초록의 좌표를 읽었다

때때로 저무는 것들의 행방도 상처를 갖는가

귀 기울이면

견고해라

한때 나였던 불구(不具)의 꿈

마른 가지에 흔들리던

활엽의 아득함이여

저무는 노을

한사코 끌어내려 길을 덮는

산다는 것의 사무침

봄비

비 나리는 청량사 입구
빗줄기에 제 살이 찢겨도
다시 젖어야 환해지는 감나무 앞
저물도록 선 아이가 있다

아이에게도 이 생에 기다려야 할
약속이 있다는 것일까
흐린 하늘을 쳐다보는 아이는
눈자위가 깊다
아이가 올려놓은 생각에 가지들이 휘어진다

지나던 비구니
끌고 오던 길을 놓고 아이를 바라본다
세월이 비워놓은 행간 속에서
적당히 떨어져야 함께 젖어드는 삶

나무가 견뎌온 생략이란 그런 것이다
세월을 이겨낸 생각들만 몸을 간추려 떠난다

웃음이 커지던 오후

가끔은 라일락 핀 꽃길을 따라 오래 걸었다
나뭇가지마다 푸른 시간이 걸린 거리에
긴 목을 빼고 봄을 기울이던 종소리가
붉은 담장에 부딪혀 떨어졌다
갈비뼈 속에 노란 웃음을 감춘 아이들
시간이 키를 줄인 남향으로 내달렸다

맑은 계절 아래 흩어지던
웃음소리 너머
목련이 속살을 터트렸다

보청기를 잃어버린 아버지
아이들의 등 뒤로 떨어지는 웃음소리에
희미하게 웃었다

저녁보다 깊었던 상처들이 환하게 켜졌다

그늘이 붉다

나무를 바라보는 일쯤은 한가한 날이다
살아가는 습성이 저리도 가벼울 수 있다니
그곳에는 깊은 눈매의 뿌리와
가지를 흔드는 바람 같은 하루들
햇빛에 속을 드러내다, 지워지다, 끝내 흔들린다
먼 곳의 풍경들이 잊지 않고 다가왔지만
은밀히 터를 잡은 잎새는 눈망울만 그윽했다
헐거운 빛살이 그늘을 흔든다
슬픔으로 넘어가는 계절
내 안의 그늘은 얼마나 더 표정을 풀어야
비바람에 쉽게 허리를 꺾고
쉽게 잊는 습성을 가질 수 있을까

제 안에 지녀온 생각에 동글게 말린 목련 잎들
곪은 시간을 터트린다
빛살들 떠난 오후 한때
낯선 생각들이 말없이 그늘을 끄면 삶은
흔들리는 가지 어디쯤 자기 몫의 양지를 덜고

하루의 반성을 담아가는 것이다
그늘에서 말릴수록
정교한 상상력을 갖는 추억처럼
허공에 떠 있는 나뭇잎을 바라본다
이른 저녁이 집집마다 노을을 켜놓는다
아침이면 장마가 시작될 것이다

봄길

길을 건너려고 선 신호등 앞

오래전 정겹던 웃음 나풀거린다

고개 돌려 와락 껴안아보는 꽃 내음

자주 서성였고 지나치던 길

오늘은 흔들리는 기억에 마음이 설렌다

낮게 드리운 어둠처럼 세상의 그리움들

일몰의 소요 속에도 깊어질 수 있는 것일까

습기 찬 바람이 지나도 눈부신 소리들

우리가 버리지 못한 희망을 들춰보듯

가슴을 저몄고

오랫동안 묵어가던 시절이 꽃잎처럼 떨어져

한적한 저녁으로 웅성거렸다

저녁 무렵 집으로 돌아오다

누가 내게서 오래 저물다 가는가
왼쪽 뺨을 스치며 찬바람이 지난다
별빛들이 자기 몸을 부수는 거란다,
할머니가 말씀하실 때는
빨간 석류가 담 밖으로 얼굴을 내미는 계절이었다
마음이 선뜻 가지 못하던 자리에
유년의 이름이 곧게 내렸다
알 수 없던 날들의 반성이 엇갈리며
발자국들이 서성거렸지만
지금은 먼 곳에 젖은 종소리가 더 푸르렀다
저녁을 닫아거는 집집의 창문마다
남 몰래 켜지던 등불
그 붉은 자국들

엽서를 읽다

아침에 도착한 엽서는 빗물에 번져
발신자를 읽으면 푸른 주소만 떨어졌다
축축한 공기들이 가득한 골목에 서서
몰래 훔쳐보던 기억들이
환한 불빛으로 동봉한 저녁을 읽는다

얼마나 더 흐린 시절을 돌아와야
축축한 시간을 발송한 너를
잊을 수 있을까

모과나무 근처
물빛으로 번진 등불이 흉터처럼 일어섰다

구름

먼 곳에서 횡횡하던 자줏빛 소문들이

귀환을 전한다

자주 돌아보던 좁은 길 위로

작은 새가 날아오르고

오래 묵혔던 비유들만

공기처럼 가벼운 가을

새들이 지우지 않고 간 노을에

바랜 풍경들이 일어선다

아무리 생각해도 아득하던 시간들

어둠 속에서 서성이는 생각이

비명(悲鳴)처럼 들렸다

먼 곳으로 돌아가다

갑자기 젖은 것들이 통증도 없이 다가온다
어디론가 흐르다 길을 접고 고이는 구름들
지상의 저녁으로 흔들릴 때
나는 가로수들이 초록으로 웅성이며
중심을 접는 자세를 바라보다
오래된 골목들을 생각한다

시간이 오래 쌓인 풍경은
어디서든 푸른 앙금에 덮여 아득한 자세가 된다
말없이 견뎌온 시간들이
굳은 기억으로 쌓이는 저녁
보이지 않는 곳으로 돌아가는 행렬의 발자국들
소란스레 내렸다

봄을 터뜨리고

도대체 참을 수가 없는 것이다
웬 밤이 이리 환한지,
한겨울 숨죽였던 저 꽃들
이름을 던진 채 편편히
투항하는 것이다
그리운 것들이 창밖으로 빠르게 지나갔다
한 계절 이고 있던
색깔들 훌훌, 벗어놓는 것이다
가로수들
저들끼리 모여
환하게 때를 밀었다
낮은 소리로 저녁을 읽고 가는
빗방울들 사이

틈
— 엽서풍으로

작은 창밖의 겨울엔 비가 내리고
아프지 않았던 말들이 붉은 시간을 끌어왔다
혼자 길 걷는 날엔 그리움도 낯설어
네가 앉았던 나무 옆으로 모호한 변명이 따라와
녹슨 오후를 적셨다

너를 보내고 오던 길에
무심코 지나치던 꽃밭은
아직도 부러진 꽃대가 세월을 밀어 올리는가
가만히 선 풍경이 제 몸을 벗어나지 못해
나를 부르는 소리 너머
불빛들이 내렸다

오래 설렜어도 완성되지 않던
세찬 통증 같은 기억들이
불빛에 패인 틈으로 사라졌다

제3부

생일

어머니 나가신 후
밥상 위의 미역국
영문 모르고 먹었네
공복의 아침에 훌훌 부어 넣다
나팔꽃 한 잎으로
당신의 생신인 줄 알았네

눈자위 시린
맑은 하루에도
한사코 젖는 당신의 빈방
이 나이에 미역국 먹으면
오래 살까 싫다시던
당신의 웃음 사무쳐
닫힌 문 앞을
자꾸 기웃거리네

당신의 성묘

오래 바라보던 것들은 모두 저녁이 되었다
시간을 걸어놓고 조금씩 경계를 나누던 구름 아래
서늘한 바람이 붉은 나뭇잎을 떨어뜨렸다
이승의 푸른 벽에 스치며 조금씩 상한 철자들이
허리를 드러낸 채 쌓여 있는 땅
둥근 것들은 왜 슬픔의 무게가 없는 걸까

납골당을 나오다
나처럼 상처 난 가슴을 가진 새들이
둥근 달의 슬픔을 베어 물고 날아가는 하늘을
오래 바라보았다

목련이 필 때면

막다른 골목을 돌아설 때면

불현듯 네가 오는 소리가 들렸다

너는 불우한 약속처럼 돌아왔다

이처럼 어설픈 아픔도 그리움이 될 수 있던가

아픔은 흉터처럼 또렷해서 상처나 기쁨이 되기도 하지만

나는 자주 돌아오는 것에 대한 확신을 잃었다

봄에 피는 꽃들은 무슨 소리로 말할 수 있을까

한밤중이 지나면 소문처럼 네가 피었다

네가 그리울 때만 나는 환했다

빛들이 떠다니던 시절

긴 하루 제 키만 늘이고 섰던
골목길 외등이 별빛으로 시간을 켤 때
마른 등 가득 막차의 불빛을 이고
아버지가 돌아오셨다

선술집 전등 빛이 매달린
당신의 주머니에는
정류장 과자집의 진열장도 묻어왔다
빠르게 계절을 가로지르는 새들 뒤로
밤을 새우던 푸른 공기들이 외등 불빛처럼 떨어지고
사람들은 온밤 내 쌓인 불빛을 한 아름씩 들어다
아침을 부리곤 했다

과자집이 없어지면서 우리들은 더 이상
막차를 기다리지 않았고
늦은 아침을 맞는 당신의 뒷모습에서
새벽을 밝혔던 분 냄새가 흘러내리곤 했다

아이들이 이사 갈 때마다
골목의 전등도 하나씩 따라 떠나고
부지런히 아침을 기다리던 골목의 공기들은
첫 새가 날아오를 때까지
수상한 기류처럼 떠돌았다

때때로 시간은 기억의 낡은 단층을 비틀고 솟아나
눈부신 아침 햇살로 떠돌았고
아침이 밝을수록
당신의 주머니에서 쏟아지던
막차의 불빛들이 그리웠다

옛집

마루에 깔린 나무판을 들추면
낡은 동전들 은빛 시간으로 어둠에 박혀 있던
옛집에 찾아가네
날 아는 이 모두 기억을 버려두고 떠난 유년의 동네
이제는 식당인 옛집 앞에 서면
잊고 있던 어린 생애가 골목 끝에서 나를 부르네
거뭇한 추억들이 메뉴처럼 벽에 붙어 있고
나는 구석에 앉아 추억을 식사하네

기둥에 새겼던 옛사랑은 낯선 먼지에 덮여 사라지고
저녁은 골목길 가로등에 먼저 쌓였네
거리마다 아이들 부르던 소리,
부서진 창틀 사이로 별빛처럼 떠다녔네
한쪽 문이 고장 난 현관 뒤로
환히 밝아 서러운 추억들 보였네
열쇠를 잃었다고 온밤을 서성이던 아버지
거울 같던 그림자도
혼자 식사하고 돌아오네

못 박는 저녁

세월이 부식시킨 틈에서
오래 헐거웠던 몸의 이력이 빠져나온다
온몸을 던져 햇살에 비틀려보기도 하고
때때로 모질게 제 몸을 때리며
네 기억 속으로 들어가야
굽은 상처로 곧추서던 고통이어

녹슨 뼈대를 수직의 통증으로 두드리면
어긋나지 않은 삶은 언제나 멀리 가버렸다

길 끝에서 벗어날 때마다 빛나던
기억의 붉은 대칭들은
때때로 완강한 결말을 맺기도 했던가
세상의 묵은 틈들이 풀어져
흐린 저녁마저 길 끝에서 잘릴 때
시간이 참아내던 생애는
창틀에 걸릴 때마다 구부러지던
녹슨 꿈뿐이었다

외출
―김광석에게

자네,
철 지난 양복이더군
여전히 허름한 옷을 추억처럼 걸쳐 입고
오래된 삽화 같은 창신동 고갯길을 걸어가고 있더군
누구도 가벼운 기척을 신경 쓰지 않았지

자네는 다만
모두가 고맙고 모두에게 미안해했지
20년 만의 외출에서

"창틈에 기다리던 새벽이 오면"**
사람들은 노래를 들으며
다가올 헤어짐을 슬퍼하더군
노래가 끝나면 자네가 돌아갈 것을 알고 있었으므로,
다시 외출할 수 있을까 알 수 없었으므로,
노래가 그치지 않기를 바라고 있더군

자네가 언제 또 바랜 잡지 한 장처럼

나풀나풀 세상을 산책하러 올지 아득했으므로
사람들은 노래가 끝나도 눈을 뜨지 않더군

---

*kbs〈김광석의 '환생'〉을 보고.
**김광석의 노래〈잊어야 한다는 마음으로〉가사 중 일부.

삼월, 눈

내가 바라보는 창밖에는
세찬 바람 불어 한가한 오후를 흩트리고
지난밤 꽃순 올린 가지 위에도
성긴 눈발이 휘날렸다
이렇게 적막한 골목을 지키는 우체통 위로도
서둘러 눈은 쏟아졌다

키 작은 나무에 여윈 몸을 포개던 눈들은
새벽빛 푸를 때까지 저 자세를 바꾸지 않을 것이다,
문득 허리를 똑바로 펴고 앉으라던 당신의 말씀
어둑한 방에서 함부로 제 몸을 허물던 유년의 참회처럼
흰빛에 갇혀 있다

한 번쯤 저 눈들이 시가 되면 좋겠다고 생각했다
소리 없이 굵은 눈발이 쌓여 저녁을 지웠다
그 겨울 허리를 바로 편다는 것은
무엇이었을까

허리를 바로 펴고 눈 내린 창밖을 바라본다
아침 일찍 등교하는 아이들 뒤로
은밀하게 목련이 피고 있었다

공터에서

바람만 드나들며 햇빛을 쌓던 공터에
하루는 연두색 철망으로 경계가 쳐졌다
아침마다 시간을 늘리던 새들이 떠오르면
잠깐씩 허공이 흐트러졌다
철망을 따라 오월의 장미가 길게 목을 드리웠다
빨간 장미 위에 짧은 기척들이 떨어져 쌓였다
철망 틈새로 장미를 꺾으려던 아이가
견고한 경계에 막힌 채 앉아 있었다
아이 눈길이 스쳐간 자리에 핏물이 떨어졌다
희미하게 장미의 울음이 묻어났고
단층의 집에서 창을 여닫을 때마다
초록들이 무성해졌다
어떤 각오들이 소리를 몰아가는 걸까
아이가 돌아간 철망 위에서
붉은 오월이 피어올랐다

폭설

참을 수 없을 만큼 견딘 것만이 쏟아진다
내릴수록 가벼워진 무게들이
종일 궁금한 소식처럼 창밖을 적시고
내 안에 쌓이는 저것들은 쌓일수록 아프다고
짓물러진 발뒤꿈치로도 멀리서
발자국만 남기고 간다

발목이 겹질린 채 내리는 몸들도
삶은 말없이 안아준다는 것인지
새벽길 바닥에 맨살로도 뒹굴었다

남김없이 고통이 비워지고
상처들이 아물 때
오래 떠돌다 내려온 젖은 영혼들이
조금씩 갈 길을 지웠다
가만히 보이던 나무 위로
유배(流配)된 풍경처럼
새들의 비명이 쌓였다

빈집

앞마당은 아버지의 작은 꽃밭이었다
호박꽃 넓은 잎들이 굵은 빗줄기에
자주 목을 꺾었다
누구도 쳐다보지 않던 삶 속으로
온종일 산동네 행 버스들이 지나다녔다
실연한 딸이 자살한 난쟁이 한의원은
어느 더운 아침 집을 허물고 이사를 갔다
부서진 벽돌 더미만 고요를 지키던 담장 위로
더위를 물들이며 여름이 지나갔다
돌아가고 싶지 않던 시간의 틈새에
깨진 사금파리처럼 박힌 기억들
내가 찬 공에 짓이겨지던 당신의 꽃밭에
뭉툭한 바람 소리처럼 스며들곤 했다
온종일 가로수 위에 쌓였던 소음을 털어내며
아이들의 밥때를 알리던 해거름엔
꽃밭에 남은 샐비어가 붉은 몸을 풀어
아이들의 투정을 달래주었다

버스를 내려 서둘러 건너온 건널목
이쯤에서 바라보던 저 생은
얼마나 눈부셨던가,
텅 빈 저 길로 이른 노을이 젖어들었다
신발 잃은 어린아이가 걸어가고 있었다

청량리

가로수들 줄지어 선 도로에 온종일 비 내린다
검은 구름이 나뭇잎 틈을 벌려 젖은 지붕에 내리고
멀리서 골목을 돌아오는 소리 들린다
서둘러 지워지는 외로움의 체취,
우기의 끝은 옅은 어둠처럼 단색의 무늬로 저문다

어둠 속에서 사람들이 천천히 걸어 나온다
젖은 말들이 공기처럼 떠다닌다
빗소리에 뒤섞인 알 수 없는 문장들이 쏟아져 내린다

어떤 의심도 없이 바라보던 저 길에서
오래 묵은 생각들은 흥건하게 고여
불 켜진 창문에 조용히 스며든다

새들은 습기 찬 날엔 비행하지 않는다
꿈을 버려야 어두운 하늘을
활강할 수 있다는 것을 익힌 까닭이다

대화

장미꽃 창밖의 풍경으로 하루를 여는 계절

집을 나설 때마다
당신이 남기고 간 정적을 만난다

빈방 가득 남은 당신의 이승이
느리게 아침을 신는 내 등을 쓰다듬고

어젯밤 꿈에도 왔다 가셨나
낡은 구둣솔이
시간을 담는 아침

창틀에서 간밤을 묵었을 당신의 천식에
사무치게 풍경을 접는
나무들의 시위

이사

바람이 내 안에 소문을 쌓아
아무 안부도 없이 간절하던 봄
꽃씨들은 자주 그리움의 뿌리를 옮겼다
묵은 살림을 정리하면
버려야 할 말들이 더 많다
버릴 수 없는 몸 대신 버려지는 기억들이
내가 될 수 없는 살을 껴안고 외진 시절을 살았구나,
버린 만큼 비워지는
삶이라는 궁핍한 서술어여

이사 온 집 현관에
새 주소로 덮인 그릇 바구니
햇살을 줄여 그늘을 만들고 있다
한때 사람의 식사로 친밀했으나
쉽게 잊힌 기억처럼
함부로 버려진 그릇들,
주름진 세간을 세우면
묵은 아픔이 접히던 소리

푸르렀는지, 붉었는지
새벽을 묻던 불빛이
먼저 자리 펴고 눕는 밤

시간을 묵혀놓는 계절
―까치밥

아파트 화단 감나무에
햇살 긴 하늘 곡선으로 감으며
까치밥 세 개가 남았다
아침마다 사람들은 감나무 주변에
기다림을 걸어놓고 지나갔다
바람이 나무가 지켜온 원형의 시간을 흔들면
가끔은 너무 빨리 하루가 저물고
그때마다
검은 그늘을 목에 두른 사람들이 돌아왔다

적막한 체취를 풍기며 거리를 떠났던 새들은
다만 직선의 생태를 익혔던 걸까
밤마다 사람들이 기억하는 건
빈 가지에 수북이 쌓여
저물 때까지 돌아오지 않던
추억의 습성뿐이다

숨 가쁘게 언덕을 올라오던 저 계절은

찢겨진 그늘을 간추려
따뜻한 약속을 준비할 것이다

최초의 초록

일주문 들어서자
한겨울 제 이름 벗어놓은 풀잎들
막막히 몸을 접는다
잿빛 하루로 등 굽은 햇살
발등에 몸 부리면
나는 알겠네
기다리지 않는 것들은 얼마나 아득한
표정으로 떠나갔는지
최초의 초록이 어떻게
낯선 슬픔으로 진화했는지
들리는 것은
멀리서 끌고 온 세월 한 자락
낮은 처마에 버리고 가는 바람 소리뿐
한 사람
나무에 매달고 간 풍경 소리
꽃들의 이름처럼
막막히 멀어졌다

제4부

슬픔의 높이

고인의 영정을 들고 계단을 오르는
사람들의 긴 줄이 새벽안개를 갈라놓았다
좀처럼 멈추지 않는 가는 울음 뒤로
조용히 작은 새들이 따라 날았다

사람들은 저마다 마련해온 기억의 궤적을 따라
슬픔의 경사를 올랐다
계단을 오를수록 슬픔의 높이도 단단하고 낮아졌다

멀지 않은 곳에서 꽃들이 시간을 불러왔다
가을이 이별의 질량을 예측하는 꽃들의 계절이라면
그들이 오르는 계단은
머물 수 없는 생을 수직의 높이로 가늠해보는
슬픔의 도구이리라

누구도 돌아오지 않는다
—조치원(鳥致院)

새들도 가끔은 돌아갈 기류를 읽지 못하는 걸까,
물소리를 등 뒤로 기울이며 서성이던 그는
강물을 낮게 가르며 날개를 펴는 새를 보자
여자의 전화에 짧은 안부를 전송했다
보고 싶다,를 어떻게 읽을까
간절한 눈빛으로 묻지만
누구도 답하지 않는다는 걸
그는 안다

가까운 역에서 기차가 떠날 때마다
커다란 새가
멀리서 물고 온 정처 없던 시간을 떨어뜨렸다
돌다리를 건너던 사람들의 눈빛이
성급히 저녁을 부를 때
제 몸의 가벼움을 익히기 위해
흔들리던 억새풀

불현듯 낡은 코트같이 성긴 삶이

헐거워진 구름을 헤치고
천천히 지나가는 소리를
듣는다
아득했다

다행(多幸)

창밖으로 몸을 밀어
이불 터는 여자

있는 힘을 다해 두 팔로
간밤의 풍문을 털어낸다

이불 터는 소리에 놀라
꾸벅꾸벅 전깃줄을 늘이던 새가 날아간다

창문 밖으로 가벼운 이름을 던지던 내 눈시울도 흔들린다
목이 긴 꽃송이들 화들짝, 봄빛을 토해낸다

골목을 쓸고 가는 바람결에
꽃들이 토해낸 색깔이 짙게 물든다

다행이다
나를 기억해줘서

가만히 일어서던 나무들의 균형이
아침을 흔들며 푸르게 퍼져갔다

엽서

내 어린 시절이 홀로 사는 옛집에

너 외로이 다녀갔다지

그 집 마당에 혼자 선 석류나무도 보았다지

말없이 반쯤 벌어진 석류만 저물도록 바라보다 돌아갔다지

너 떠난 오랜 후 옛 주소로 도착한 엽서 한 장

다시 찾은 옛집 마당에

다정하게 고개 내민 석류

네가 남기고 간 젖은 안부를

사무치게 전해주었지

남향(南向)으로 둔 화분

 낡은 풍경을 지우고 온유한 말들을 품는다 나는 저 화분을 끝내 버리지 않는다 네가 떠난 저녁이 가지런한 불빛들로 웅성거릴 때, 가까이 바라보면 볼수록 흐리기만 한 너라는 시절

 겨우내 뿌리만 남은 화분 하나 남쪽으로 놓고 살았다 계절이 바뀌면 다시 싹이 돋을까, 분명한 건 제 몸의 그림자뿐인 작은 화분과 한겨울을 보냈다 불현듯 예감한 소식처럼 뿌리가 지켜온 내력이 생소해질 때마다 나는 화분에 물을 주었다 하지만 나는 기억한 내력에 확신이 없었고 물을 줄 때마다 화분 안의 흙들이 발꿈치를 세워 오후의 그늘을 낮은 명도로 줄였다

 저녁볕 창밖의 경계를 늘이면 언제나 제 몸을 둥글게 웅크리던 생은 덧없이 흘러간 기억처럼 함부로 상상력을 넓혔다 다 썩어 무게도 없는 내부를 모두 쏟고도 말랑한 침묵으로 가득 찬 화분은 거두지 못한 집착을 탄식처럼 내뱉고 있던 걸까

 오래 접어둔 시간 속에선 작은 소리도 들리지 않았다

동백

밭 끝에 차이는 햇살을

모질게 바라보면

천천히

봄은 왔다

아무리 먼 길을 돌았어도

제가 내릴 땅쯤은 잊지 못하는지

동백꽃 가는 그늘에도 서먹하게 빛들이 쌓였다

햇빛들 동백의 어깨를 흔들 때마다

모가지를 똑똑 얹었던 붉은 체구, 옆으로

한 시절

영문 없이 붙잡고

울고 싶은 생들

흔들리고 있었다

찬란(燦爛)을 지우고,

붉은 生에 대한 회고

살아생전 진실을 고백해 보지 않은 생들은
붉은 살을 가졌다
오래 비어 있던 목제 의자엔 네가 두고 간 저녁이
홈마다 발을 겹질리다
붉은 창문을 켜놓곤 했다
하루를 몇 줄의 문장으로 간추린 길에서
분주하게 하루를 접는 사물의 기척을
무슨 표지도 없이 지우면
삶은 견딜 만한 슬픔 같던가

돌아오지 못한 소리들이 등을 켰다
가장 오랜 기다림이 등불의 밝기를 결정했고
등불의 밝기는 그림자 길이로 저장되기도 했다
새들이 여린 파열음으로 기류를 타고 오르고
꽃밭에선 장미들이 흔들렸다
차츰 세상의 윤곽이 희미해질 때면
평생을 한 색채(色彩)로만 저무는
저녁이란 생애가 자욱했다

휴가

창밖을 보다 문득
내 강마른 늑골 하나
네가 사는 저녁에 휴가 보내고 싶었다
언제나 내 안에서 상처 난 기억으로 머뭇대는
너라는 낱말을 모아
노을 지는 네 창문의 풍경으로 며칠을 앓고 싶다

마을을 돌아 나오는 밥 짓는 연기에
우르르 내닫던 아이들의 함성 들리면
끝내 찾지 못하고 끝나버리던
마지막 술래가 숨어 있던 곳
그곳의 어린 저녁으로 물들어
온밤 내 너의 병중(病中)을 엿보고 싶다

당신의 빈방

집을 나설 때마다

당신의 빈방을 지난다

등 뒤에서 당신의 밭은기침이

기우뚱, 문을 연다

이제는 고요란 고요도 다 사라지고

바랜 추억마저 희미해졌어도

당신은 아침마다

최근의 기억으로

나를 배웅한다

서둘러 길을 뺄으며 날아가는 새들이

또 하루를 떨어트린다

추락은 무엇 때문에 환한 배경이 되는가

창밖에선 정처 없던 꽃잎들

덜거덕거리며 허공을 오르고 있다

감기

선잠 깬 내 목소리 발정 난 봄빛처럼 쓸쓸할 때
겨우내 배양했던 그리움의 성긴 소음들, 눅눅한 발성의 콧물 되어 흐른다
오래 앓은 권태의 냄새
적막한 감기는
친근한 삶의 몸짓마저 멀리하는 생소한 골목으로도 찾아들지만,
감기가 키우는 것은
부산한 세상에서 방출돼 겨울밤을 노숙하던 묵은 사랑이 조산(早産)한 불회귀성의 아픔들이다
불임의 겨울잠에 가려졌던 살비듬 같은
묵은 감기와 화해하는 세상 언저리
수신인을 공백으로 발송했던 삶의 내력은 반송돼
내 나이보다 일찍 죽은 자들의 이름으로
통속한 희망처럼 유실물 선반에
매달려 있다

익명의 시절을 지나며 낯설게 마주치는 봄

모르는 이들이 전하는 성급한 계절 소식에도
아직도 벗어내지 못한 내복의 얼룩처럼
초췌한 사랑의 진동 같은……

병력기(病曆記)

겨울나무나 그리던 영하의 밤
내게 남은 고통의 시간들 맨살의 흉터처럼 감추고
잊기로 했는데, 그 나무 그리워하던 시간들보다
더 오랜 망각의 시간만 지우고 있었는데,
다시 그 시간들 담홍빛 노을로 각혈하는 봄날
무슨 간절함으로 실내에서만 머물렀던가

오지 않을 약속의 이름을 새겼던 나무들
먼저 떠난 사람들의 안부로 간단히 베어지고
전송의 의식도 없이 눈물 없는 그대 보냈을 때
헐벗은 뒤꿈치의 굳은살로 곤두서던 통증은
나뭇잎들 땅으로 투신한 가로수 가지에서 돋아났다
빈 가지에 세상의 아픈 소리들 바람처럼 드나들면
잊고 있었으므로 생소해진 빈혈의 이름들
소름처럼 돋아났다

앙상한 나뭇가지에 매달린 낙엽들
마른 햇살들 떠도는 빈터에 태워져

인적 없는 지상으로 흩어졌다
뿌리보다 깊은 곳에서 겨울잠 깬
그리움에 허기진 봄이면
저음의 테너로 빛나는 창밖의 슬픔에
조율 안 된 반음(半音)으로
화해의 노래 부르던 시절이 있었다

다리

 콜타르를 칠한 목조 다리를 건너면 언제나 오후를 늘인 권태를 유리창에 붙이고 졸고 있던 할아버지의 복덕방, 낙숫물 검게 내린 담장에 재개봉 영화도 벽화처럼 걸려 있었다

 다리에 덧칠된 콜타르가 벗겨질 때쯤 동네에는 며칠씩 비가 내렸고 우리가 아는 모든 남루들이 비에 젖었다

 아이들은 장마 때면 다리에 서서 떠내려 오던 윗마을 세간들에 이유 없이 돌을 던졌고 세간을 맞힐 때마다 침을 뱉었다 아이들이 맞힌 몇 개의 세간은 아이들의 팔뚝에 자줏빛 멍울을 남겨놓았다

 아무도 주목하지 않았던 시절 수많은 날들이 흙탕물처럼 흘러갔다 다리를 건널 때마다 뒤엉킨 소음들을 뱉어내던 골목에는 더러 흉흉한 소문들이 다리 난간을 흔들어놓곤 했다

 비에 젖은 시간들은 언제나 느릿느릿 해거름의 색채들을 풀어놓았고 붉은 하늘빛에 흥건해진 사람들은 때때로 가난

을 잊기 위해 다리를 건너갔고 아이들은 누군가 흘린 시간을 찾으러 다리를 건너오기도 했었다

 어둑한 등불을 발등에 차고 다리를 건너오면, 아침에 접어두었던 결의들이 불빛 사이로 흩어져갔다 다짐할 수는 없지만 가끔 알 수 없는 풍경들이 다리를 건너오는 소리가 들렸고 문득 유년이 사라진 것도 같았다

동물원

내 살갗을 파고드는 기억에 주목한다
우두커니 섰던 근황이 일몰 속에 길 잃을 때
아이랑 창경궁에서 끝말잇기를 한다
아이는 과거를 나누는 시재를 모르고
나는 오래된 명사를 모두 슬픔으로 지운다
동물과 사람이 서로를 구경했던 시절
아이의 모습으로 몇 번인가 여기 왔었다
오래전에 먹었던 김밥과 사이다와
떠들썩한 시간들이 먼지로 쌓여 있는 마당
아이들이 흘리고 간 웃음소리 너머
어린 추억은 아직 표정을 풀지 못하고
푸른 껍질의 거미가 떨어진 시간을 깁고 있다
여우 우리가 보이면 코를 막고 뛰어가던 곳
아이들을 바라보는 여우의 눈은 흔들렸던가,
무심했던가, 다만 쓸쓸했을 거라고

해가 완전히 자기 몸을 닫을 때에도
자기를 지우지 못해 남아 있던 그늘

나는 아이에게 사라지지 않는 것들을 얘기한다
거미가 기웠던 길가의 얼룩이 단정해진다
아이는 동물이 사라진 빈터에서 끝말잇기를 이기고
나는 푸른 길을 간단히 접어 문을 나선다
동물들 떠난 빈 우리와
먼지 속에 길 잃은 발자국들이
오래된 이름들처럼 갇혀 있을 것이다

노을이 가슴 한쪽의 균형을 무너뜨릴 때
등 뒤에서 아무렇지 않게 오후 몇 시의 기억이 닫히고
나는 무엇을 닫을 것인가,

새들처럼

한동안 새들이 돌아오지 않았다
아버지는 아침이면 새들에게 먹지도 않을 밥알을 건넸다
문득 당신이 지나온 인기척이 들렸던 걸까
정처 없는 빛살에 실려 온 새들이
간단한 울음을 창틀에 올려놓았다
상승기류에 오른 새들이 까치밥을 쫄 때면
계절은 무턱대고 선홍빛 시간을 터뜨렸다
먼 곳에서 돌아오는 아이들 소리가 다시
비상(飛上)을 꿈꾸게 했다
오래 멈췄던 날개를 퍼덕이자
부드럽게 저녁 공기가 떨리고
비처럼 당신의 삶들이 쏟아졌다
부리가 상한 새가 낮게 날아올랐다

바흐의 단일 주제에 의한 변주곡 in D minor

Ⅰ. 알레망트(allemande)

비가 올 것이다
여린 꽃잎들 가만히 떨릴 때
살짝 열린 꽃잎 사이로
내가 들어가 사라진다
세상의 오후가 여린 늑골 사이로 저무는 시간
모서리 해진 슬픔 하나에도
당당해야겠다고
산 자들의 언어로 이야기할 것이다

Ⅱ. 쿠란테(courante)

여름을 지나온 풀잎들이 젖은 몸으로 스러진다
문자들이 무릎을 꺾고 졸고 있는 오후의 책상 위,
아침마다 사라지던 슬픔의 무게는 적막한 꿈으로 느리게
상하고 피곤하던 날의 얼룩은

활기찬 율동으로 나를 번역했다

Ⅲ. 사라방드(sarabande)

바흐는 이제 우리에게
어울리지 않아,
장거리에서 전해오는 네 음성이
늙은 나무의 수액처럼 지루했다
시간들이 낡은 물기를 털고
무지갯빛 환영으로 걸어갔다

Ⅳ. 지그(gigue)

꽃들의 여린 살이 닫히고
사랑의 첫 언어를 준비하던 사람들이 종적처럼 떠났다
마지막 빗물 하나가 아무 의미 없이

떨어졌고
줄기 끝에 매달린
웃음 하나 나풀거리며
깊어가는 계절의 오후를
과거형으로 머물렀다

Ⅴ. 샤콘느(chaconne)

낡은 형광등 불빛에 비치는
흐린 날의 빗물은
긴 행렬을 이루며 어디론가 흐르고,
나는 갑자기 살아있는 날들의 아픔으로
단순해졌다

門

내게 오기 위해 뿌리 잘린
꽃들은 적요롭다
추억과 내통하는 향기를 벗기다
공기의 하중에 건조되는 이름도,
언제나 말하지 못했던 것은
사라진 뿌리들
세상의 고요를 건너던
감춰진 門이었다는 생각

줄기 끝에 매달린
당신의 인사가 유창하다
잎사귀에 몸 숙이고 흐린 아침을 지날 때
내가 만나는 우연한 파동
슬며시 두드리면
오래 닫혀 있어도 더 푸른
꽃잎의 낙하

해설

부재중인 휴머니즘의 풍경들

진순애 문학평론가

1.

현대는 탈휴머니즘으로 동시대성이 특화된다. 현대시의 동시대성도 탈휴머니즘의 지평에서 자유로울 수 없다. 이는 역설적으로 현대가 휴머니즘이 부재하는 시대임을 반증한다. 탈휴머니즘의 동시대성은 파편성·우연성·자의성 등에 있고, 휴머니즘은 세계와의 연속성·일체성·동일성·통일성 등의 지평에 놓인다. 휴머니즘이, 그리고 자아와 세계와의 동일성이 부재하는 동시대에서 휴머니즘을 지향하는 일은, 그리고 그 풍경들은 비극적이다. 현대시의 서정이 비극적 서정으로 탄생한 까닭이 여기에 있다.

현대시의 비극적 서정은 탈휴머니즘이 심화되고 확장된 21세기에 와서 낯선 서정으로 치환되기에 이르렀다. 더 이상 비극적 서정의 중심 태도인 회상하고 추억하며 그리워하는 풍경조차 부재하는 까닭에 그러하다. 상실돼버린 타자로서의 서정이자 상실돼버린 휴머니즘이다. 비극적 서정조차 부재하는, 곧 휴머니즘을 지향하지조차 않은 탈휴머니즘이 친숙한 동시대성인 것이다.

부재중인 것의 중심에는 '내'가 있고, 부재중인 '나'를 그리워하는 풍경이 휴머니즘을 은유한다. 부재중인 '나'를 그리는 일이 휴머니즘을 은유하는 것은 현대가 낳은 아이러니다. 부재중인 휴머니즘이 탈휴머니즘의 동시대성을 특화하므로 그러하다. 부재중인 '나'를 향한 그리움이 인간의, 인간을 위한, 휴머니즘으로서의 근원적 태도가 돼버린 것이다. 때문에 부재중인 휴머니즘을 그리는 박찬호 시의 서정적 풍경들이 비극적 서정을 넘어 낯선 서정으로써 현대의 아이러니를 역설적으로 심화한다.

특히 부재중인 '나'는 박찬호의 유년을 은유하고, 현대가 상실한 고향을 은유하며, 현대의 타자가 된 자연을 은유한다. 휴머니즘이란 부재중인 '나'를 회상하고 추억하며 그리워할 수 있을 뿐이라는 데 서정의 비극성과 그 비극의 아이러니가 심화된다. 부재중인 '나'를 그리워하는 행위조차 부재하는 탈휴머니즘의 시대에 부재중인 휴머니즘을 방증하는 그리움이 낯선 서정일 수밖에 없음을 박찬호 시가 특장적으로 말하고 있다. 그것은 부재중인 '나'도, 부재중인 '나'를 향한 그리움도 탈휴머니즘의 타자임을 특화시킨다.

휴머니즘의 길은 아무도 가지 않는 길이므로 동시대의 타자이고, 아무도 가지 않는 길을 가는 것이 시인의, 그리고 예술가의 궁극적 길이므로 타자로서의 외로운 행보임을 방증한다. 여기에 박찬호 시의 휴머니즘적 풍경들이 돋보이는 의의가 무한하다.

　　턱없이

　　처녀들의 문장이 떨어진다

　　고개를 모로 꺾고 낯모를 설움

　　함부로 익혀 제 살 붉게 한다

　　떨어지기 위해

　　가지 끝에서 젖는 살

　　서명 없이 산화된 봄의 내력도

사소한 소문으로 빛살에 철거된다
　　　　　　　　　　―「목련 이후(以後)」 전문

　박찬호의 휴머니즘의 봄은 찬란한 슬픔의 계절이다. 생명의 계절, 소생의 계절이라는 보편적인 봄을 넘어선다. 그의 봄은 역설적이다. 역설적인 봄이라고 해서, 목련이 피지 않는 것은 아니어서 목련이 핀 봄은 여전히 찬란하다. 그러나 박찬호의 봄의 중심은 목련이 핀 찬란한 봄에 있는 것이 아니라 '목련 이후'의 슬픈 봄에 있어서 그의 봄은 찬란한 슬픔의 봄이라는 역설적 지평을 확장한다. 휴머니즘의 봄이 부재중인 봄인 까닭이다.

　더 이상 인간은 혹은 박찬호는 봄과 동일화할 수 없으므로, 혹은 타자가 된 봄이므로 봄은 슬픈 봄이다. 이제 더 이상 '나는 너'가 될 수 없다. 현대는 휴머니즘의 세계에서 일탈했으므로, 너는 너이고, 나는 나이다. 목련은 목련이고 봄은 봄으로 각각 존재한다. "떨어지기 위해//가지 끝에서 젖는 살"이며, "서명 없이 산화된 봄의 내력도//사소한 소문으로 빛살에 철거된다." 때문에 목련이 피는 찬란한 봄조차 슬프고 목련이 떨어진 이후는 더욱 슬프다. 생명과 소생의 환희가 슬픔으로 치환되는 역설적 봄의 서정이 비극적 서정을 넘어 낯선 서정을 환기한다.

허름한 햇살이 길 밖으로 저문다

남은 길은 일찍 제 몸을 줄이고

도시의 바깥, 초록의 좌표를 읽었다

때때로 저무는 것들의 행방도 상처를 갖는가,

귀 기울이면

견고해라

한때 나였던 불구(不具)의 꿈

마른 가지에 흔들리던

활엽의 아득함이여

저무는 노을

한사코 끌어내려 길을 덮는

산다는 것의 사무침
—「초록의 좌표」 전문

 초록의 좌표는 "한때 나였던 불구(不具)의 꿈//마른 가지에 흔들리던//활엽의 아득함이여//저무는 노을//한사코 끌어내려 길을 덮는//산다는 것의 사무침"으로 치환된다. 초록이 "산다는 것의 사무침"을 환기하면서 부재중인 휴머니즘의 비극성이 심화된다. 그러나 초록이 더 이상 상징의 봄이 아니라 해도 초록은 여전히 봄의 소생력, 봄의 생명력을 상징하는 보편적 기억으로 현존한다. 봄의 상징성이 기억 속에서 보편성을 환기하면서 부재중인 휴머니즘의 비극성을 배가하고 있다. 초록의 자연은 '나'와의 동일체가 아니라 타자가 돼버린 지 오래라서 비극적 서정이 낯선 서정으로 치환된다.

 초록의 좌표는 생명의 좌표를 상징하는 보편적 기억으로 현존할지라도, '허름한 햇살이 길 밖으로 저물고, 남은 길은 일찍 제 몸을 줄이고, 도시의 바깥이 제자리인 초록'에서 삶의 희망을 읽는 것이 아니라 삶의 사무침을 읽는 역설이 도시의 서정을 낯선 서정으로 심화시킨다. 탈휴머니즘의 공간인 현대의 도시에서 부재중인 자연과의 동일시를 지향하는 일은 부재중인 휴머니즘을 찾아가는 비극적 풍경의 병치다. 근원적 세계인 자연과 '나'와의 동일성을 지향하는 풍경은 도시의 낯선 풍경인 것이다.

2.

　　막다른 골목을 돌아설 때면

　　불현듯 네가 오는 소리가 들렸다

　　너는 불우한 약속처럼 돌아왔다

　　이처럼 어설픈 아픔도 그리움이 될 수 있던가

　　아픔은 흉터처럼 또렷해서 상처나 기쁨이 되기도 하지만

　　나는 자주 돌아오는 것에 대한 확신을 잃었다

　　봄에 피는 꽃들은 무슨 소리로 말할 수 있을까

　　한밤중이 지나면 소문처럼 네가 피었다

　　네가 그리울 때만 나는 환했다
　　　　　　　　　　　　　　　―「목련이 필 때면」 전문

"네가 그리울 때만 나는 환했다"는 언술처럼 그리움은 박찬호에게 휴머니즘의 생명력으로 작용한다. '네가 오는 소리는 불현듯 들리고', 혹은 '돌아온 너는 불우한 약속이거나 아픔과 같고', '흉터가 된 그 아픔은 상처도 동시에 기쁨'도 되는 이율배반적인 생명력이다. 그러나 '네가 돌아오는 것에 확신을 잃었으므로', 탈휴머니즘의 지평이 심화된다. 그리운 '네'가 혹은 '내가' 돌아온다는 확신조차 부재중이므로, 휴머니즘도 부재중일 수밖에 없다.

목련은 한밤중이 지나 소문처럼 피어나지만, 그것은 과거형이다. 그리운 과거에는 목련이 핀다는 것은 단지 떠돌기만 하는 헛소문이 아니라 사실이었다. 그러나 탈휴머니즘의 시대에서 목련이 피는 것은, 혹은 목련이 피는 때는 그리운 세계로만 살아있을 수 있다. "봄에 피는 꽃들은 무슨 소리로 말할 수 있을까"라고 반문할 수 있을 뿐이다. 환희의 소리, 생명의 소리, 소생의 소리들을 상징하는 봄의 보편적인 소리는 기억 속에서만 현존하는 까닭이다.

타자가 된 자연이므로, 타자가 된 자연을 그리는 인간의 일 또한 타자로서의 소외된 풍경일 뿐이다. 그것은 메아리조차 돌아오지 않는 것을 확인하는 소외된 타자로서의 회상이다. 타자로서 타자들을 향한 그리움인 것이다. 그리운 회상 속에서나마 세계와 동일체였던 유년의 '내'가 있고, 휴머니즘의 고향이 있다. 목련이, 봄이, 우주만물이 기억 속에서만 유년의 '나'와 동일체로 현존할 수 있을 뿐이다.

    내 어린 시절이 홀로 사는 옛집에

    너 외로이 다녀갔다지

    그 집 마당에 혼자 선 석류나무도 보았다지

    말없이 반쯤 벌어진 석류만 저물도록 바라보다 돌아갔다지

    너 떠난 오랜 후 옛 주소로 도착한 엽서 한 장

    다시 찾은 옛집 마당에

    다정하게 고개 내민 석류

    네가 남기고 간 젖은 안부를

    사무치게 전해주었지

―「엽서」 전문

지금은 아무도 찾지 않는 "내 어린 시절이 홀로 사는 옛집"은 '나'의 유년의 병치다. 또한 그것은 '외로이 다녀간 너로도, 옛집 마당에 혼자 선 석류나무로도, 옛 주소로 도착한 엽서 한 장으로도' 병치된다. 동시에 그곳은 유년의 '나'와 우리의 고향과 동일체였던 자연친화적인 휴머니즘의 공간을 상징한다. 자연친화적인 휴머니즘은 지금, 타자가 되어 옛집에 홀로 현존한다.

그러므로 부재중인 '나'는 그리운 '나'의 유년이고, '나'의 유년이 살았던 그리운 '나'의 옛집이고, '나'의 옛집 마당에 홀로 서 있는 그리운 석류나무이며, 사무치게 안부를 묻는 젖은 엽서로 치환된다. 젖은 엽서에 담긴 그리운 사연이 타자가 된 '나'를 '사무치게 하는' 휴머니즘의 풍경을 은유하고 있다. 탈휴머니즘의 시대에 엽서는 혹은 젖은 엽서는, 그리고 석류나무, 마당, 옛집, 젖은 안부, 사무침 등은 부재중인 '나'의 은유이자 휴머니즘의 은유인 것이다. 그것들은 회상으로만 찾아오는 휴머니즘의 풍경이다.

그리운 그곳은 "자주 돌아보던 좁은 길 위로//작은 새가 날아오르고//오래 묵혔던 비유들만//공기처럼 가벼운 가을//새들이 지우지 않고 간 노을에//바랜 풍경들이 일어선다//아무리 생각해도 아득하던 시간들(「구름」)"이 돼버린 과거의 시공이다. 그 '아득하던 시간'은 부재중인 시간인 까닭에 '오래 묵혔던 비유들만큼' 낯설다. 회상으로조차 지향되지 않는 오래 묵힌 비유들이 낯선 서정을 환기한다.

3.

    콜타르를 칠한 목조 다리를 건너면 언제나 오후를 늘인 권태를 유리창에 붙이고 졸고 있던 할아버지의 복덕방, 낙숫물 검게 내린 담장에 재개봉 영화도 벽화처럼 걸려 있었다

    다리에 덧칠된 콜타르가 벗겨질 때쯤 동네에는 며칠씩 비가 내렸고 우리가 아는 모든 남루들이 비에 젖었다

    아이들은 장마 때면 다리에 서서 떠내려 오던 윗마을 세간들에 이유 없이 돌을 던졌고 세간을 맞힐 때마다 침을 뱉었다 아이들이 맞힌 몇 개의 세간은 아이들의 팔뚝에 자줏빛 멍울을 남겨놓았다

    아무도 주목하지 않았던 시절 수많은 날들이 흙탕물처럼 흘러갔다 다리를 건널 때마다 뒤엉킨 소음들을 뱉어내던 골목에는 더러 흉흉한 소문들이 다리 난간을 흔들어놓곤 했다

비에 젖은 시간들은 언제나 느릿느릿 해거름의 색채들을 풀어놓았고 붉은 하늘빛에 흥건해진 사람들은 때때로 가난을 잊기 위해 다리를 건너갔고 아이들은 누군가 흘린 시간을 찾으러 다리를 건너오기도 했었다

　　어둑한 등불을 발등에 차고 다리를 건너오면, 아침에 접어두었던 결의들이 불빛 사이로 흩어져갔다 다짐할 수는 없지만 가끔 알 수 없는 풍경들이 다리를 건너오는 소리가 들렸고 문득 유년이 사라진 것도 같았다

―「다리」 전문

　"콜타르를 칠한 목조 다리"는 남루했던 유년의 삶을 은유한다. 그곳에는 '졸고 있는 할아버지의 복덕방'이 있고, '재개봉 영화가 벽화처럼 걸려 있는 검은 담장'이 있다. '다리에 덧칠된 콜타르가 벗겨질 때쯤이면 동네에도 며칠씩 비가 내리고 남루한 삶에도 비가 내리던' 유년의 가난이 그리운 휴머니즘을 은유한다. 남루한 유년은 외적인 풍경이었을 뿐 내적으로는 순수와 낭만과 희망과 인간이 살아있던 휴머니즘의 풍경이다.
　탈휴머니즘은 외적으로는 남루했으나 휴머니즘과 동일시였던 유년의 내밀성조차도 타자화시킨다. 물질주의의 자본주의와 과학주의가 탈가난을 견인하며 탈휴머니즘의 종착

역으로 질주해온 동시대적 명제로 작용한 까닭이다. 비극적인 휴머니즘의 다리를 건너온 탈휴머니즘은 "어둑한 등불을 발등에 차고 다리를 건너오면, 아침에 접어두었던 결의들이 불빛 사이로 흩어져갔다 다짐할 수는 없지만 가끔 알 수 없는 풍경들이 다리를 건너오는 소리가 들렸고 문득 유년이 사라진 것도 같"은 상실의 시대에 이른 것이다. 그것은 추억하고 회상하며 그리워하는 휴머니즘의 풍경조차 낯설게 심화시키는 동시대성이다.

> 앞마당은 아버지의 작은 꽃밭이었다
> 호박꽃 넓은 잎들이 굵은 빗줄기에
> 자주 목을 꺾었다
> 누구도 처다보지 않던 삶 속으로
> 온종일 산동네 행 버스들이 지나다녔다
> 실연한 딸이 자살한 난쟁이 한의원은
> 어느 더운 아침 집을 허물고 이사를 갔다
> 부서진 벽돌 더미만 고요를 지키던 담장 위로
> 더위를 물들이며 여름이 지나갔다
> 돌아가고 싶지 않던 시간의 틈새에
> 깨진 사금파리처럼 박힌 기억들
> 내가 찬 공에 짓이겨지던 당신의 꽃밭에
> 뭉툭한 바람 소리처럼 스며들곤 했다

온종일 가로수 위에 쌓였던 소음을 털어내며
아이들의 밥때를 알리던 해거름엔
꽃밭에 남은 샐비어가 붉은 몸을 풀어
아이들의 투정을 달래주었다

버스를 내려 서둘러 건너온 건널목
이쯤에서 바라보던 저 생은
얼마나 눈부셨던가,
텅 빈 저 길로 이른 노을이 젖어들었다
신발 잃은 어린아이가 걸어가고 있었다

—「빈집」 전문

 "아이들의 밥때를 알리던 해거름엔/꽃밭에 남은 샐비어가 붉은 몸을 풀어/아이들의 투정을 달래주었"던 휴머니즘의 유년은 "신발 잃은 어린아이가 걸어가고 있"는 비극적 서정의 주체를 탄생시켰다. 가난했어도 순수했던 유년에는 '앞마당은 아버지의 작은 꽃밭이었고, 호박꽃 넓은 잎들이 굵은 빗줄기에 자주 목을 꺾었던' 서정성이 휴머니즘과 일체였으며, 신발 잃은 어린아이는 서정적 자아의 주체였다. 비록 '온종일 산동네 행 버스들이 지나다녔고, 실연한 딸이 자살한 난쟁이 한의원은 어느 더운 아침 집을 허물고 이사를 가버린 빈집의 주체'였을지라도, 휴머니즘이 살아있는 풍경은 그리운 기억으로 살아있다.

"버스를 내려 서둘러 건너온 건널목/이쯤에서 바라보던 저 생은/얼마나 눈부셨던가,/텅 빈 저 길로 이른 노을이 젖어들었다/신발 잃은 어린 아이가 걸어가고 있었다"는 빈집의 풍경은 탈휴머니즘의 시대에 그 비극성조차 소멸되어 낯선 풍경으로 작용한다. "내가 비워진 자리에/그대 낡은 이름을 새겨/부재중인 나를 불러다오"(「맥주는 맥주다」)라고, 몽환처럼 부재중인 '나'를 찾아가는 비극적 서정조차 낯설게 하고 있다. 유년이 살고 있는 고향의 옛집은 빈집의 풍경으로 부재중인 '나'를 은유하고, 부재중인 휴머니즘을 은유한다. 부재중인 '나'는 '비어버린 나'라는 낯선 서정으로 탈휴머니즘 시대의 휴머니즘을 은유하기에 이른 것이다.

그런 시대를 건너온 혹은 건너갈 시인의 자세를 엿볼 수 있는 시 한 편을 소개하며 글을 맺는다.

나무들도 깊이에 대해 생각하는 중이다

너무 이르거나 늦게 하루를 엿본 새들이
전선을 스쳐갈 때마다 툭, 툭 색깔을 떨어트렸다

무심코 계절을 읽던 오전의 바람도
나뭇잎의 무게를 감당하지 못해

삐딱하게 내리꽂힌다

이른 아침이면 언제나 제 몸을 밝히던 것은
아팠거나 불편했던 기억들,

멀리 선 감나무 몇 그루
적막한 풍경을 접으며
뿌리의 본질에 대해 생각해보는 것이다
─「나무의 자세」 전문

이 도서의 국립중앙도서관 출판시도서목록(CIP)은 서지정보유통지원시스템 홈페이지
(http://seoji.nl.go.kr)와 국가자료공동목록시스템(http://www.nl.go.kr/kolisnet)에서
이용하실 수 있습니다.(CIP제어번호: CIP2019032970)

문학의전당 시인선 0312

나는 네가 그리울 때만 환했다

ⓒ 박찬호

초판 1쇄 인쇄 2019년 9월 2일
초판 1쇄 발행 2019년 9월 9일

지은이 박찬호
펴낸이 고영
책임편집 서윤후
디자인 헤이존
펴낸곳 문학의전당
출판등록 제2017-000002호
주소 서울시 마포구 마포대로 11길 91, 3층
전화 02-852-1977   팩스 02-852-1978
전자우편 sbpoem@naver.com

ISBN 979-11-5896-433-7 03810

*이 책의 판권은 지은이와 문학의전당에 있습니다.
*양측의 서면 동의 없는 무단 전재 및 복제를 금합니다.
*잘못 만들어진 책은 바꿔드립니다.
*이 시집은 2019 서울문화재단의 지원을 받아 제작되었습니다.